# 예수님 말씀 새겨쓰기

산상수훈

# 산상수훈 ON THE SERMON MOUNT

## 예수님 말씀 새겨쓰기

감동에서 행동으로 나아가기

**분홍소금** 쓰고 엮음

북스원
BOOKSONE

# 말씀의 감동을 넘어 행동의 변화로

## 변화, 움직여야 시작된다

누구나 변화를 소망합니다. 어제보다 나은 나, 지금까지와는 다른 삶, 그리스도 안에서 성장하는 삶을 갈망합니다. 그러나 매번 거기서 그칩니다. 다시 새롭게 시작하겠다, 이젠 달라지겠다 마음먹지만 늘 그대로인 자신을 발견합니다. 변화는 생각과 마음만으로 일어나지 않기 때문입니다. 아무리 마음을 굳게 먹어도 직접 실행하지 않으면 아무런 변화도 일어나지 않습니다.

하나님의 말씀도 듣고, 읽기만 하는 것으로는 삶에 직접적인 변화를 가져오기 어렵습니다. 말씀이 행동으로 실행되지 못하고 마음과 생각 속에만 머물러 있기 때문입니다.

## 필사, 말씀 새겨 넣기

성경 필사는 하나님의 말씀을 몸으로 새겨 행동의 변화를 이끄는 첫걸음입니다.

필사는 단순히 글자를 베끼는 것이 아닙니다. 한 자, 한 자, 한 문장, 한 문장을 몸으로 머리와 마음에 새겨 넣는 행위입니다. 같은 문장이라도 눈으로 읽을 때와 글로 쓸 때 뇌의 작용은 다릅니다. 몸과 머리를 동시에 움직이는 것은 실제적 작용을 일으켜 생각과 행동의 변화를 가져옵니다.

## 산상수훈, 감동에서 변화로

마태복음 5장-7장의 산상수훈은 예수님이 우리에게 '이렇게 살라'고 직접 가르치신 말씀입니다. 복음의 진리와 삶의 지침이 집약된 성경 말씀의 정수라 할 수 있습니다. 여덟 가지 복으로 시작하는 아름다운 은유 속에 인간관계, 분노, 사랑, 고난, 염려, 물질, 행함, 기도 등 우리 삶의 전반에 관한 내용이 모두 담겨 있습니다.

우리는 산상수훈 말씀에 감동하고, 회개하고, 이 말씀을 따라 살기를 소망합니다. 그러나 번번이 감동과 회개에서 그칠 뿐, 변화에까지 이르지는 못합니다.

산상수훈 필사의 목적은 말씀을 반복적으로 새겨 쓰는 행동을 통해 우리 삶을 실제로 변화시키는 데 있습니다.

### 습관, 관성의 저항을 이기는 힘

아무리 좋은 말씀이라도 이미 익숙하게 굳어 있는 생각습관과 행동습관을 단번에 바꾸기는 어렵습니다. 익숙한 것을 지속하려는 몸과 마음의 관성적 저항이 있기 때문입니다. 관성의 저항을 이겨내려면 여러 번 반복해 몸에 익숙해져야 합니다. 익숙해지면 저항 없이 계속할 수 있게 되고 습관으로 체화됩니다. 체화된 습관은 자연스럽게 생각과 행동의 변화를 가져옵니다. 한 가지를 잘 바꾸면 다른 것들도 바뀝니다. 한 가지 일은 다른 것들과 긴밀히 연결되어 있기 때문입니다.

### 실망, 부정적 자기 평가를 넘어라

이 책은 '산상수훈 24일 + 시편 1일'로 구성된 25일간의 필사/묵상을 3회 반복하도록 구성되어 있습니다.

하나의 변화를 만들어내는 데 걸리는 기간은 보통 66일-76일이라고 합니다. 75일은 말씀이 내 삶에 체화되도록 하는 데 필요한 적정한 시간입니다.

그러나 같은 내용을 3회를 반복하는 것이 마음먹은 대로 잘되지 않을 수 있습니다. 이미 한 번 써서 다 알고 있는 내용이라고 생각하면 지루하게 느껴질 수 있습니다. 열심히 하지만 아무런 변화의 조짐도 보이지 않아 실망할 수 있습니다. 한 두 번 미루고 건너뛰면 다시 이어가기 어려울 수 있습니다. 가장 주의해야 할 것은 끈기 없는 자신에게 실망해서 포기하는 것입니다.

잠깐 쉬는 것을 포기로 생각하지 마십시오. 잠시 쉬었다가 다시 이어가면 됩니다. 오랫동안 길들여진 부정적 심리가 만든 부정적 자기 평가에 끌려가지 마십시오.

### 반복, 영혼의 양치질처럼

산상수훈 필사를 영혼의 양치질이라 생각하십시오. 귀찮고 피곤해서 한 두 번 빠뜨릴 수는 있지만 중단하지 않는 양치질처럼 해 나가십시오.

필사를 반복하면서 산상수훈의 말씀들을 내면화하면 행동과 생각에 자연스러운 변화가 일어날 것입니다. 체계적이고 반복적인 근육 운동이 건강하고 아름다운 육체를 만들 듯이, '산상수훈' 3회 필사와 묵상은 우리 심령과 행동을 아름답게 변화시킬 것입니다.

**-필사하는 시간을 일정하게 정해 두는 것이 좋습니다.**

아침 시간에는 말씀으로 새롭게 하루를 시작하며 큐티하는 시간을 동시에 가질 수 있습니다. 저녁 시간에는 여유를 가지고 하루를 정리하고 내일을 준비하는 시간으로 활용할 수 있습니다.

**-한 가지를 더했으면 한 가지를 빼십시오.**

시간은 한정되어 있습니다. 지금까지의 생활 방식에 아무런 변화도 주지 않은 채 필사 한 가지를 더하는 것은 피곤한 부담을 가중시킵니다. 피곤하고 부담스러운 일은 지속하기 힘들고, 유익한 변화도 기대하기 어렵습니다. 일상의 시간을 쪼개 필사 시간을 끼워넣지 말고 시간 사용에 변화를 주십시오. 불필요한 모임이나 디지털 기기 사용 시간을 줄여 나가십시오.

**-필사는 혼자 시작하는 것보다 누군가와 같이 하는 것이 더 좋습니다.**

서로의 체험과 생각을 나누고 서로를 격려하면 끝까지 지속하는 힘이 됩니다.

**-오늘 한 줄**

필사와 묵상을 하면서 떠오른 생각, 느낌, 다짐, 기도 등을 간단히 정리해 보세요. 필사 후 자신의 마음을 적어 보는 것도 좋고, 새로운 마음가짐을 글로 새겨 보는 것도 좋습니다. 두 번째, 세 번째 필사 때는 같은 말씀에 대한 첫 번째 두 번째 '오늘 한 줄'을 찾아보세요. 과거의 자신을 돌아보고 현재 자신의 변화를 알아보는 데 도움이 될 것입니다.

## Sermon on the Mount

지금 필사를 시작하세요.
내일로 미루지 마세요.
어제에 머물려는 관성의 힘을 떨쳐내세요.
변화의 목표를 크게 세우지 말고
작은 목표를 하루하루 채워 가세요.
오늘 한 걸음만 나아가세요.
그 한 걸음이
어제와는 다른 나,
내가 그리는 나를 만듭니다.

# 산상수훈

## 어제의 관성을 이겨라 1

1.

## 복 있는 사람

3 심령이 가난한 자는 복이 있나니 천국이 그들의 것임
이요
4 애통하는 자는 복이 있나니 그들이 위로를 받을 것임
이요
5 온유한 자는 복이 있나니 그들이 땅을 기업으로 받을
것임이요
6 의에 주리고 목마른 자는 복이 있나니 그들이 배부를
것임이요
7 긍휼히 여기는 자는 복이 있나니 그들이 긍휼히 여김
을 받을 것임이요
8 마음이 청결한 자는 복이 있나니 그들이 하나님을 볼
것임이요
9 화평하게 하는 자는 복이 있나니 그들이 하나님의 아
들이라 일컬음을 받을 것임이요
10 의를 위하여 박해를 받은 자는 복이 있나니 천국이 그
들의 것임이라

마태 5:1-10

슬플 때나 기쁠 때나 예수님과 함께하는 사람은 복 있는 사람입니다. 그가 복의 근원이기 때문입니다.

.   .   .

오늘 한 줄

## 2.

# 소금과 빛

13 너희는 세상의 소금이니 소금이 만일 그 맛을 잃으면
무엇으로 짜게 하리요 후에는 아무 쓸 데 없어 다만 밖
에 버려져 사람에게 밟힐 뿐이니라
14 너희는 세상의 빛이라 산 위에 있는 동네가 숨겨지지
못할 것이요
15 사람이 등불을 켜서 말 아래에 두지 아니하고 등경 위
에 두나니 이러므로 집 안 모든 사람에게 비치느니라
16 이같이 너희 빛이 사람 앞에 비치게 하여 그들로 너희
착한 행실을 보고 하늘에 계신 너희 아버지께 영광을
돌리게 하라

마태 5:13-16

작은 일상에서부터 소금과 빛의 역할을 시작하십시오. 삶의 조건이 어떠하든지 오늘 하루를 기쁘게 사는 것만으로도 빛과 소금이 될 수 있습니다. 사람들이 그 모습에서 하나님을 보게 될 것이기 때문입니다. 내 삶을 통해 하나님의 모습이 드러남을 잊지 마십시오.

.　.　.

오늘 한 줄

3.

## 분노를 품은 채 예배 드리지 말라

21 옛 사람에게 말한 바 살인하지 말라 누구든지 살인하
면 심판을 받게 되리라 하였다는 것을 너희가 들었으나
22 나는 너희에게 이르노니 형제에게 노하는 자마다 심판
을 받게 되고 형제를 대하여 라가라 하는 자는 공회에
잡혀가게 되고 미련한 놈이라 하는 자는 지옥 불에 들
어가게 되리라
23 그러므로 예물을 제단에 드리려다가 거기서 네 형제에
게 원망들을 만한 일이 있는 것이 생각나거든
24 예물을 제단 앞에 두고 먼저 가서 형제와 화목하고 그
후에 와서 예물을 드리라

**마태 5:21-24**

분노가 살인에 비견되는 것은 분노의 말이 칼이 되어 마음을 찌르기 때문입니다. 마음에 입은 상처는 시간이 지나도 치유되기 어렵습니다. 사람에게 한 잘못은 그 사람에게 용서를 구하는 것이 먼저입니다. 오늘이 가기 전에 용서를 구할 사람이 있습니까.

오늘 한 줄

## 4.

## 마음으로도 간음하지 말라

27 또 간음하지 말라 하였다는 것을 너희가 들었으나
28 나는 너희에게 이르노니 음욕을 품고 여자를 보는 자
마다 마음에 이미 간음하였느니라
29 만일 네 오른 눈이 너로 실족하게 하거든 빼어 내버리
라 네 백체 중 하나가 없어지고 온 몸이 지옥에 던져지
지 않는 것이 유익하며
30 또한 만일 네 오른손이 너로 실족하게 하거든 찍어 내
버리라 네 백체 중 하나가 없어지고 온 몸이 지옥에 던
져지지 않는 것이 유익하니라

마태 5:27-30

순간적으로 일어나는 감각적 욕망들은 통제하기 어렵습니다. 욕망을 일으키는 대상에서 시선을 돌리고 감정이 잦아들 때까지 놓아 두십시오. 지나친 자책감과 죄책감은 오히려 그 생각에 계속 머무르게 해서 나쁜 욕망에서 빠져 나오는 것을 방해합니다.

.　　.　　.

오늘 한 줄

## 5.

# 무엇으로도 맹세하지 말라

33 또 옛 사람에게 말한 바 헛 맹세를 하지 말고 네 맹세
한 것을 주께 지키라 하였다는 것을 너희가 들었으나
34 나는 너희에게 이르노니 도무지 맹세하지 말지니 하늘
로도 하지 말라 이는 하나님의 보좌임이요
35 땅으로도 하지 말라 이는 하나님의 발등상임이요 예루
살렘으로도 하지 말라 이는 큰 임금의 성임이요
36 네 머리로도 하지 말라 이는 네가 한 터럭도 희고 검게
할 수 없음이라
37 오직 너희 말은 옳다 옳다, 아니라 아니라 하라 이에서
지나는 것은 악으로부터 나느니라

**마태 5:33-37**

맹세하지 말라는 것은 자신의 말과 의지를 절대화하지 말하는 것입니다. 자신의 마음과 생각이 변하지 않을 거라고 장담하는 것은 오만입니다. 살아가면서 어떤 상황의 변화, 어떤 마음의 변화가 일어날지는 아무도 모릅니다. 하나님 외에 절대적인 것은 아무것도 없기 때문입니다.

.    .    .

오늘 한 줄

6.

## 악한 자와 대적하지 말라

38 눈은 눈으로, 이는 이로 갚으라 하였다는 것을 너희가
들었으나
39 나는 너희에게 이르노니 악한 자를 대적하지 말라 누
구든지 네 오른편 뺨을 치거든 왼편도 돌려 대며
40 또 너를 고발하여 속옷을 가지고자 하는 자에게 겉옷
까지도 가지게 하며
41 또 누구든지 너로 억지로 오 리를 가게 하거든 그 사람
과 십 리를 동행하고
42 네게 구하는 자에게 주며 네게 꾸고자 하는 자에게 거
절하지 말라

**마태 5:38-42**

악행을 악행으로 되갚는 것은 악을 점점 증폭시킬 뿐입니다. 악에 맞서다가 자신도 악해지거나, 이기는 데 집착하여 악에 무뎌질 수도 있습니다. 악한 자를 이기려 하기보다 악한 자의 의도를 선한 행동으로 무너뜨리는 것이 하나님의 방법입니다.

.　.　.

오늘 한 줄

7.

## 네 원수를 사랑하라

43 네 이웃을 사랑하고 네 원수를 미워하라 하였다는 것
을 너희가 들었으나
44 나는 너희에게 이르노니 너희 원수를 사랑하며 너희를
박해하는 자를 위하여 기도하라
45 이같이 한즉 하늘에 계신 너희 아버지의 아들이 되리
니 이는 하나님이 그 해를 악인과 선인에게 비추시며
비를 의로운 자와 불의한 자에게 내려주심이라

**마태 5:43-45**

원수를 사랑하기 위해서는 내가 원수보다 더 큰 사랑을 품은 사람이 되어야 합니다. 나를 괴롭히고 힘들게 하는 이들을 위해 기도하십시오. 지난 일들은 더 이상 돌아보지 마십시오. 잘잘못을 가리며 옳고 그름을 따지려 하지 마십시오. 그리스도의 사랑으로 서로의 허물을 덮으십시오.

오늘 한 줄

## 8.

## 아버지의 온전하심 같이 너희도 온전하라

46 너희가 너희를 사랑하는 자를 사랑하면 무슨 상이 있
으리요 세리도 이같이 아니하느냐
47 또 너희가 너희 형제에게만 문안하면 남보다 더하는
것이 무엇이냐 이방인들도 이같이 아니하느냐
48 그러므로 하늘에 계신 너희 아버지의 온전하심과 같이
너희도 온전하라

**마태 5:46-48**

나를 사랑하는 사람을 사랑하는 것은 받는 만큼 주는 것입니다. 받는 만큼 주고 주는 만큼 받으려 하는 것은 거래입니다. 사랑은 거래가 아닙니다. 보답과 대가를 바라지 않습니다. 친구와 원수를 가리지 않고, 멀고 가까운 것을 따지지 않습니다. 누구든 기꺼이 돕고 결과를 기대하지도, 반응에 실망하지도 않습니다.

.  .  .

오늘 한 줄

## 9.

# 오른손이 하는 일을 왼손이 모르게

1 사람에게 보이려고 그들 앞에서 너희 의를 행하지 않도
록 주의하라 그리하지 아니하면 하늘에 계신 너희 아
버지께 상을 받지 못하느니라
2 그러므로 구제할 때에 외식하는 자가 사람에게서 영광
을 받으려고 회당과 거리에서 하는 것 같이 너희 앞에
나팔을 불지 말라 진실로 너희에게 이르노니 그들은
자기 상을 이미 받았느니라
3 너는 구제할 때에 오른손이 하는 것을 왼손이 모르게
하여
4 네 구제함을 은밀하게 하라 은밀한 중에 보시는 너의
아버지께서 갚으시리라

마태 6:1-4

구제하고 돕는 일은 세상의 칭찬을 받는 선한 일입니다. 선한 일을 과시하고 칭찬 받기를 즐기면 자신도 모르게 자만과 위선에 빠지기 쉽습니다. 자만과 위선은 패망으로 가는 지름길입니다. 선한 일을 하고 오히려 그 일에 걸려 넘어지지 않도록 경계해야 합니다.

. . .

오늘 한 줄

## 10.

# 너에게 있어야 할 것을 이미 아신다

5 또 너희는 기도할 때에 외식하는 자와 같이 하지 말라
그들은 사람에게 보이려고 회당과 큰 거리 어귀에 서
서 기도하기를 좋아하느니라 내가 진실로 너희에게 이
르노니 그들은 자기 상을 이미 받았느니라
6 너는 기도할 때에 네 골방에 들어가 문을 닫고 은밀한
중에 계신 네 아버지께 기도하라 은밀한 중에 보시는
네 아버지께서 갚으시리라
7 또 기도할 때에 이방인과 같이 중언부언하지 말라 그
들은 말을 많이 하여야 들으실 줄 생각하느니라
8 그러므로 그들을 본받지 말라 구하기 전에 너희에게
있어야 할 것을 하나님 너희 아버지께서 아시느니라

**마태 6:5-8**

기도하는 것은 자랑거리가 아닙니다. 남들에게 믿음을 보이기 위해 하는 것이 아닙니다. 남들이 잘한다, 못한다, 좋다, 나쁘다 평가할 대상도 아닙니다. 기도는 오직 하나님과 나만이 나누는 영혼의 대화입니다. 큰소리로 좋은 말만 늘어놓는 기도는 힘없이 허공에 흩어질 뿐입니다.

.　　.　　.

오늘 한 줄

## 11.

# 이렇게 기도하라

9 그러므로 너희는 이렇게 기도하라 하늘에 계신 우리
아버지여 이름이 거룩히 여김을 받으시오며
10 나라가 임하시오며 뜻이 하늘에서 이루어진 것 같이
땅에서도 이루어지이다
11 오늘 우리에게 일용할 양식을 주시옵고
12 우리가 우리에게 죄 지은 자를 사하여 준 것 같이 우리
죄를 사하여 주시옵고
13 우리를 시험에 들게 하지 마시옵고 다만 악에서 구하시
옵소서 (나라와 권세와 영광이 아버지께 영원히 있사
옵나이다 아멘)

마태 6:9-13

한 구절, 한 구절 뜻을 되새기며 마음을 다해 소리 내어 천천히 주의 기도를 해보십시오.

.  .  .

오늘 한 줄

## 12.

# 용서하라

14 너희가 사람의 잘못을 용서하면 너희 하늘 아버지께서
도 너희 잘못을 용서하시려니와
15 너희가 사람의 잘못을 용서하지 아니하면 너희 아버지
께서도 너희 잘못을 용서하지 아니하시리라

**마태 6:14-15**

용서는 쉽지 않습니다. 용서할 상대를 떠올리는 것만으로도 분노가 일어나기 때문입니다. 그러나 용서는 그가 아니라 나를 위해 하는 것입니다. 마음을 지옥으로 만드는 미움과 분노에서 벗어나기 위해 용서해야 합니다. 미움과 원망은 악한 마음을 품게 하고, 과거에서 빠져나오지 못하게 합니다. 나의 삶을 위해 그를 용서해야 합니다.

오늘 한 줄

## 13.

# 금식을 표내지 말라

16 금식할 때에 너희는 외식하는 자들과 같이 슬픈 기색
을 보이지 말라 그들은 금식하는 것을 사람에게 보이
려고 얼굴을 흉하게 하느니라 내가 진실로 너희에게 이
르노니 그들은 자기 상을 이미 받았느니라
17 너는 금식할 때에 머리에 기름을 바르고 얼굴을 씻으라
18 이는 금식하는 자로 사람에게 보이지 않고 오직 은밀
한 중에 계신 네 아버지께 보이게 하려 함이라 은밀한
중에 보시는 네 아버지께서 갚으시리라

**마태 6:15-18**

자신이 어렵고 힘든 일을 감당하고 있음을 겉으로 드러내는 것은 주변 사람들의 인정을 구하는 것입니다. 그러나 그런 태도는 생색 내고 싶은 속내만 드러낼 뿐입니다. 어렵고 힘든 일일수록 사람들의 평가에 매이지 마십시오. 모든 것을 지켜보시는 하나님이 온당하게 갚으실 것입니다.

오늘 한 줄

## 14.

# 보물이 있는 곳에 마음이 있다

19 너희를 위하여 보물을 땅에 쌓아 두지 말라 거기는 좀
과 동록이 해하며 도둑이 구멍을 뚫고 도둑질하느니라
20 오직 너희를 위하여 보물을 하늘에 쌓아 두라 거기는
좀이나 동록이 해하지 못하며 도둑이 구멍을 뚫지도
못하고 도둑질도 못하느니라
21 네 보물 있는 그 곳에는 네 마음도 있느니라
22 눈은 몸의 등불이니 그러므로 네 눈이 성하면 온 몸이
밝을 것이요
23 눈이 나쁘면 온 몸이 어두울 것이니 그러므로 네게 있
는 빛이 어두우면 그 어둠이 얼마나 더하겠느냐
24 한 사람이 두 주인을 섬기지 못할 것이니 혹 이를 미워
하고 저를 사랑하거나 혹 이를 중히 여기고 저를 경히
여김이라 너희가 하나님과 재물을 겸하여 섬기지 못하
느니라

**마태 6:19-24**

재물은 가장 강력한 우상입니다. 심지어 신앙조차 재물을 얻기 위한 도구로 전락하곤 합니다. 지금 이런저런 핑계를 대며 재물을 하나님보다 우선순위에 두고 있지 않습니까.

. . .

오늘 한 줄

## 15.

# 염려하지 말라

25 그러므로 내가 너희에게 이르노니 목숨을 위하여 무엇
을 먹을까 무엇을 마실까 몸을 위하여 무엇을 입을까
염려하지 말라 목숨이 음식보다 중하지 아니하며 몸이
의복보다 중하지 아니하냐
26 공중의 새를 보라 심지도 않고 거두지도 않고 창고에
모아들이지도 아니하되 너희 하늘 아버지께서 기르시
나니 너희는 이것들보다 귀하지 아니하냐
27 너희 중에 누가 염려함으로 그 키를 한 자라도 더할 수
있겠느냐

마태 6:25-27

당장 먹고 입는 것을 염려하지는 않지만 남과 비교하고 경쟁하며 더 잘 먹고, 더 잘 입기 위해 애쓰고 있지 않습니까. 더 잘 먹고, 더 잘 입는 것이 주는 만족감은 순간이고 비교는 끝이 없습니다. 그날의 먹고 입는 것에 감사하면 훨씬 더 풍족한 삶을 살 수 있습니다.

오늘 한 줄

## 16.

# 하나님께서 입히신다

28 또 너희가 어찌 의복을 위하여 염려하느냐 들의 백합
화가 어떻게 자라는가 생각하여 보라 수고도 아니하고
길쌈도 아니하느니라
29 그러나 내가 너희에게 말하노니 솔로몬의 모든 영광으
로도 입은 것이 이 꽃 하나만 같지 못하였느니라
30 오늘 있다가 내일 아궁이에 던져지는 들풀도 하나님이
이렇게 입히시거든 하물며 너희일까보냐 믿음이 작은
자들아

마태 6:28-30

미래를 걱정하며 돈 버는 일에만 골몰하면 하나님이 지금 주시는 축복을 제대로 누릴 수가 없습니다. 지금 가진 것에 먼저 감사하십시오. 우리가 이미 가진 것으로 충분하고 더 필요한 때에는 주께서 필요한 만큼 채우실 것입니다.

.   .   .

오늘 한 줄

## 17.

# 한 날의 괴로움은 그날로 족하다

31 그러므로 염려하여 이르기를 무엇을 먹을까 무엇을 마
실까 무엇을 입을까 하지 말라
32 이는 다 이방인들이 구하는 것이라 너희 하늘 아버지
께서 이 모든 것이 너희에게 있어야 할 줄을 아시느니
라
33 그런즉 너희는 먼저 그의 나라와 그의 의를 구하라 그
리하면 이 모든 것을 너희에게 더하시리라
34 그러므로 내일 일을 위하여 염려하지 말라 내일 일은
내일이 염려할 것이요 한 날의 괴로움은 그 날로 족하
니라

**마태 6:31-34**

늘 반복되는 일상의 염려로 기도를 채우지 마십시오. 우리에게 있어야 할 것은 하나님께서 이미 아십니다. 우리의 기도가 염려에 매여 있으면 믿음이 없는 사람들과 다를 것이 없습니다. 하나님의 자녀로서 구할 것을 구하십시오. 세상의 소금, 이웃의 빛이 되기를 소망하십시오. 필요한 모든 것은 하나님께서 채우실 것입니다.

.  .  .

오늘 한 줄

## 18.

# 네 눈 속의 들보를 보라

1 비판을 받지 아니하려거든 비판하지 말라
2 너희가 비판하는 그 비판으로 너희가 비판을 받을 것
이요 너희가 헤아리는 그 헤아림으로 너희가 헤아림을
받을 것이니라
3 어찌하여 형제의 눈 속에 있는 티는 보고 네 눈 속에
있는 들보는 깨닫지 못하느냐
4 보라 네 눈 속에 들보가 있는데 어찌하여 형제에게 말
하기를 나로 네 눈 속에 있는 티를 빼게 하라 하겠느냐
5 외식하는 자여 먼저 네 눈 속에서 들보를 빼어라 그 후
에야 밝히 보고 형제의 눈 속에서 티를 빼리라

마태 7:1-5

남을 비판하려면 자신도 비판 받을 각오를 해야 합니다. 그에게 한 비판은 언젠가 자신에게 고스란히 돌아오게 됩니다. 나는 그와 다르므로 그럴 일이 없다고 생각한다면 어리석은 자만이라는 것을 곧 깨닫게 될 것입니다. 생각과 상황은 늘 변할 수 있기 때문입니다. 판단을 멈추고 상대를 있는 그대로 수용하는 마음을 키우십시오.

오늘 한 줄

## 19.

# 구하라 찾으라 두드리라

7 구하라 그리하면 너희에게 주실 것이요 찾으라 그리하
면 찾아낼 것이요 문을 두드리라 그리하면 너희에게 열
릴 것이니
8 구하는 이마다 받을 것이요 찾는 이는 찾아낼 것이요
두드리는 이에게는 열릴 것이니라

**마태 7:7-8**

입으로는 기도하면서도 마음은 의심하지 않습니까. 여러 조건으로 보아 이루기 어렵다고 생각하지 않습니까. 그러나 하나님의 방법은 우리의 방법과 다릅니다. 작은 내 머리로 계산하고 헤아리지 말고, 순전하게 구하고, 찾고, 두드리십시오. 그 다음은 주께서 이루실 것입니다.

오늘 한 줄

## 20.

# 받고자 하는 대로 대접하라

9 너희 중에 누가 아들이 떡을 달라 하는데 돌을 주며
10 생선을 달라 하는데 뱀을 줄 사람이 있겠느냐
11 너희가 악한 자라도 좋은 것으로 자식에게 줄 줄 알거
든 하물며 하늘에 계신 너희 아버지께서 구하는 자에
게 좋은 것으로 주시지 않겠느냐
12 그러므로 무엇이든지 남에게 대접을 받고자 하는 대로
너희도 남을 대접하라 이것이 율법이요 선지자니라

**마태 7:9-12**

하나님께서는 언제나 내가 원하는 것보다 '더 좋은 것'을 주실 것입니다. 더 좋은 것의 의미는 당장에 드러나지 않습니다. 시간이 지나면 깨닫게 될 것입니다. 하나님께서 내 기도를 들으셨고 내 인생에 더 좋은 것이 무엇인지 아신다는 것을.

오늘 한 줄

## 21.

# 좁은 문으로 들어가라

13 좁은 문으로 들어가라 멸망으로 인도하는 문은 크고
그 길이 넓어 그리로 들어가는 자가 많고
14 생명으로 인도하는 문은 좁고 길이 협착하여 찾는 자
가 적음이라

**마태 7:13-14**

사람들은 꽃길만 걷고 싶어 합니다. 넓고 편한 길을 좋아합니다. 빨리 갈 수 있는 길을 선택합니다. 하지만 정말 중요한 것을 잊고 있습니다. 그 길이 어디로 향하고 있는가입니다. 넓고 편한 꽃길만 좇다가 허망한 폐허에 이를 수 있습니다. 하나님의 의를 따르는 길은 좁지만 생명에 이르는 길입니다. 지금 어디를 향해 가고 있습니까.

.　.　.

오늘 한 줄

## 22.

# 열매로 나무를 안다

15 거짓 선지자들을 삼가라 양의 옷을 입고 너희에게 나
아오나 속에는 노략질하는 이리라
16 그들의 열매로 그들을 알지니 가시나무에서 포도를,
또는 엉겅퀴에서 무화과를 따겠느냐
17 이와 같이 좋은 나무마다 아름다운 열매를 맺고 못된
나무가 나쁜 열매를 맺나니
18 좋은 나무가 나쁜 열매를 맺을 수 없고 못된 나무가
아름다운 열매를 맺을 수 없느니라
19 아름다운 열매를 맺지 아니하는 나무마다 찍혀 불에
던져지느니라
20 이러므로 그들의 열매로 그들을 알리라

**마태 7:15-20**

듣기 좋은 말만 하는 사람이 좋은 사람은 아닙니다. 강력한 카리스마를 가진 사람이 좋은 리더인 것도 아닙니다. 회중 앞에서 하는 말과 일상에서의 행동이 다르다면 그는 거짓된 사람입니다. 아름다운 열매는 그 사람이 살아온 삶의 자리에서 열리는 것이지 말에서 생겨나는 것이 아닙니다.

.  .  .

오늘 한 줄

## 23.

## 천국에 들어가는 자

21 나더러 주여 주여 하는 자마다 다 천국에 들어갈 것이
아니요 다만 하늘에 계신 내 아버지의 뜻대로 행하는
자라야 들어가리라
22 그날에 많은 사람이 나더러 이르되 주여 주여 우리가
주의 이름으로 선지자 노릇 하며 주의 이름으로 귀신
을 쫓아내며 주의 이름으로 많은 권능을 행하지 아니
하였나이까 하리니
23 그때에 내가 그들에게 밝히 말하되 내가 너희를 도무
지 알지 못하니 불법을 행하는 자들아 내게서 떠나가
라 하리라

마태 7:21-23

하나님의 뜻대로 행하는 것은 차별하지 않고 사랑하고 용서하는 것입니다. 매주 예배에 참석하고, 주의 이름으로 기도하고, 교회에서 직책을 맡아 봉사한다 해도 그 안에 사랑과 용서가 없다면 하나님과 상관없는 일입니다. 하나님은 성대한 제사보다 단순한 순종을 원하십니다.

오늘 한 줄

## 24.

# 반석 위에 집을 지으라

24 그러므로 누구든지 나의 이 말을 듣고 행하는 자는 그
집을 반석 위에 지은 지혜로운 사람 같으리니
25 비가 내리고 창수가 나고 바람이 불어 그 집에 부딪치
되 무너지지 아니하나니 이는 주추를 반석 위에 놓은
까닭이요
26 나의 이 말을 듣고 행하지 아니하는 자는 그 집을 모래
위에 지은 어리석은 사람 같으리니
27 비가 내리고 창수가 나고 바람이 불어 그 집에 부딪치
매 무너져 그 무너짐이 심하니라

**마태 7:24-27**

반석 위에 집을 짓는다고 비바람이 들이치지 않는 것은 아닙니다. 반석 위의 집은 비바람에 무너지지 않습니다. 주의 말씀을 행하는 사람에게 고난이 없는 것은 아닙니다. 고난을 능히 이겨낼 힘이 있는 것입니다. 고난이 없는 삶이 아니라 고난을 이기는 삶을 사는 것입니다.

오늘 한 줄

## 25.

### 시편 1편

복 있는 사람은 악인의 꾀를 따르지 아니하며
죄인들의 길에 서지 아니하며
오만한 자들의 자리에 앉지 아니하고
오직 여호와의 율법을 즐거워하여
그의 율법을 주야로 묵상하는도다
그는 시냇가에 심은 나무가 철을 따라 열매를 맺으며
그 잎사귀가 마르지 아니함 같으니
그가 하는 모든 일이 다 형통하리로다
악인들은 그렇지 아니함이여
오직 바람에 나는 겨와 같도다
그러므로 악인들은 심판을 견디지 못하며
죄인들이 의인들의 모임에 들지 못하리로다
무릇 의인들의 길은 여호와께서 인정하시나
악인들의 길은 망하리로다

## Sermon on the Mount

변화에는 혼란의 과정이 있습니다.
시작할 때의 의욕과 기대만큼 되지 않아
실망하고 있나요.
하지만 그런 가운데서도 이미 변화는 싹트고 있습니다.
며칠씩 건너뛰고 미루며 가고 있나요.
하지만 그런 가운데서도 이미 변화는 싹트고 있습니다.
말씀 필사를 성실하게 수행했지만
아무런 변화도 느끼지 못하고 있나요.
하지만 그런 가운데서도 이미 변화는 시작되고 있습니다.
반복의 지루함, 결과에 대한 의심,
자신에 대한 실망에 지지 마십시오,
실망과 혼란을 변화의 과정으로 받아들이고
계속 나아가십시오.

# 산상수훈

## 의심과 실망을 이겨라 2

1.

## 복 있는 사람

3 심령이 가난한 자는 복이 있나니 천국이 그들의 것임이요
4 애통하는 자는 복이 있나니 그들이 위로를 받을 것임이요
5 온유한 자는 복이 있나니 그들이 땅을 기업으로 받을 것임이요
6 의에 주리고 목마른 자는 복이 있나니 그들이 배부를 것임이요
7 긍휼히 여기는 자는 복이 있나니 그들이 긍휼히 여김을 받을 것임이요
8 마음이 청결한 자는 복이 있나니 그들이 하나님을 볼 것임이요
9 화평하게 하는 자는 복이 있나니 그들이 하나님의 아들이라 일컬음을 받을 것임이요
10 의를 위하여 박해를 받은 자는 복이 있나니 천국이 그들의 것임이라

**마태 5:1-10**

복 있는 사람은 언제 어느 때나 감사의 이유를 찾을 수 있습니다. 지금 무엇에 감사하고 있습니까.

.  .  .

오늘 한 줄

## 2.

# 소금과 빛

13 너희는 세상의 소금이니 소금이 만일 그 맛을 잃으면
무엇으로 짜게 하리요 후에는 아무 쓸 데 없어 다만 밖
에 버려져 사람에게 밟힐 뿐이니라
14 너희는 세상의 빛이라 산 위에 있는 동네가 숨겨지지
못할 것이요
15 사람이 등불을 켜서 말 아래에 두지 아니하고 등경 위
에 두나니 이러므로 집 안 모든 사람에게 비치느니라
16 이같이 너희 빛이 사람 앞에 비치게 하여 그들로 너희
착한 행실을 보고 하늘에 계신 너희 아버지께 영광을
돌리게 하라

**마태 5:13-16**

소금과 빛은 자기 안에 갇혀 있지 않고 다른 것들에 선한 영향을 미칩니다. 무슨 일을 하든지 나에게 좋은 것에 머물지 말고 다른 이들에게도 선한 것을 추구하십시오. 어디에 있든지 '착한 행실'로 구별되는 그리스도인의 삶을 사십시오.

.　.　.

오늘 한 줄

## 3.

# 분노를 품은 채 예배 드리지 말라

21 옛 사람에게 말한 바 살인하지 말라 누구든지 살인하
면 심판을 받게 되리라 하였다는 것을 너희가 들었으나
22 나는 너희에게 이르노니 형제에게 노하는 자마다 심판
을 받게 되고 형제를 대하여 라가라 하는 자는 공회에
잡혀가게 되고 미련한 놈이라 하는 자는 지옥 불에 들
어가게 되리라
23 그러므로 예물을 제단에 드리려다가 거기서 네 형제에
게 원망들을 만한 일이 있는 것이 생각나거든
24 예물을 제단 앞에 두고 먼저 가서 형제와 화목하고 그
후에 와서 예물을 드리라

**마태 5:21-24**

순간적으로 터뜨리는 분노는 지옥불에 들어가는 것 같은 수치로 자신에게 돌아옵니다. 자신을 위해 분노를 다스리십시오. 분노는 원망을 낳고 관계를 악화시킬 뿐입니다. 분노는 나약함과 두려움 표현입니다. 예물을 드리기 전에 나약함과 두려움을 먼저 하나님 앞에 내려놓으십시오.

오늘 한 줄

## 4.

## 마음으로도 간음하지 말라

27 또 간음하지 말라 하였다는 것을 너희가 들었으나
28 나는 너희에게 이르노니 음욕을 품고 여자를 보는 자
마다 마음에 이미 간음하였느니라
29 만일 네 오른 눈이 너로 실족하게 하거든 빼어 내버리
라 네 백체 중 하나가 없어지고 온 몸이 지옥에 던져지
지 않는 것이 유익하며
30 또한 만일 네 오른손이 너로 실족하게 하거든 찍어 내
버리라 네 백체 중 하나가 없어지고 온 몸이 지옥에 던
져지지 않는 것이 유익하니라

**마태 5:27-30**

실족하게 하는 신체의 부분을 끊어내듯이 변화의 의지를 무너뜨리는 '사소한 쾌락'을 끊으십시오. 욕망을 따르는 옛 습관을 끊어내지 않으면 변화의 문턱에서 실족할 수밖에 없습니다. 번번이 자신을 실족하게 만드는 사소한 쾌락은 무엇입니까.

.  .  .

오늘 한 줄

5.

## 무엇으로도 맹세하지 말라

33 또 옛 사람에게 말한 바 헛 맹세를 하지 말고 네 맹세
한 것을 주께 지키라 하였다는 것을 너희가 들었으나
34 나는 너희에게 이르노니 도무지 맹세하지 말지니 하늘
로도 하지 말라 이는 하나님의 보좌임이요
35 땅으로도 하지 말라 이는 하나님의 발등상임이요 예루
살렘으로도 하지 말라 이는 큰 임금의 성임이요
36 네 머리로도 하지 말라 이는 네가 한 터럭도 희고 검게
할 수 없음이라
37 오직 너희 말은 옳다 옳다, 아니라 아니라 하라 이에서
지나는 것은 악으로부터 나느니라

마태 5:33-37

맹세한 것을 지키지 않으면 거짓말한 것이 되고, 무리하게 지키려 하다가는 더 큰 잘못을 저지를 수 있습니다. 자신의 말과 의지를 절대화하지 마십시오. 자기 말만 옳다고 고집하거나 남의 말을 깎아내리는 것은 교만에서 비롯되는 것입니다.

오늘 한 줄

## 6.

## 악한 자와 대적하지 말라

38 눈은 눈으로, 이는 이로 갚으라 하였다는 것을 너희가
들었으나
39 나는 너희에게 이르노니 악한 자를 대적하지 말라 누
구든지 네 오른편 뺨을 치거든 왼편도 돌려 대며
40 또 너를 고발하여 속옷을 가지고자 하는 자에게 겉옷
까지도 가지게 하며
41 또 누구든지 너로 억지로 오 리를 가게 하거든 그 사람
과 십 리를 동행하고
42 네게 구하는 자에게 주며 네게 꾸고자 하는 자에게 거
절하지 말라

**마태 5:38-42**

선한 행동과 비굴한 행동을 혼동하지 마십시오. 선한 행동은 악에 굴복하는 것이 아니라 사랑으로 악의 공격을 무력하게 만드는 것입니다. 선한 행동에는 용기가 필요합니다. 용기는 이기고 지는 것에 집착하지 않는 마음에서 나옵니다. 사랑과 용기가 악을 품은 어리석은 사람을 변화시킵니다.

.  .  .

오늘 한 줄

7.

## 네 원수를 사랑하라

43 네 이웃을 사랑하고 네 원수를 미워하라 하였다는 것
을 너희가 들었으나
44 나는 너희에게 이르노니 너희 원수를 사랑하며 너희를
박해하는 자를 위하여 기도하라
45 이같이 한즉 하늘에 계신 너희 아버지의 아들이 되리
니 이는 하나님이 그 해를 악인과 선인에게 비추시며
비를 의로운 자와 불의한 자에게 내려주심이라

마태 5:43-45

원수는 누구입니까. 그는 사악한 악인입니까. 그를 하나님께 맡기십시오. 그는 단지 나와 관계가 좋지 않고 나를 힘들게 하는 사람입니까. 그를 나에게 맞추려 하지 않았는지 돌아보십시오. 그를 있는 그대로 수용할 수 있기를 기도하십시오. 다른 사람을 내 뜻대로 하려는 마음을 내려놓으면 원수도 사라질 것입니다.

.    .    .

오늘 한 줄

## 8.

# 아버지의 온전하심 같이 너희도 온전하라

46 너희가 너희를 사랑하는 자를 사랑하면 무슨 상이 있
으리요 세리도 이같이 아니하느냐
47 또 너희가 너희 형제에게만 문안하면 남보다 더하는
것이 무엇이냐 이방인들도 이같이 아니하느냐
48 그러므로 하늘에 계신 너희 아버지의 온전하심과 같이
너희도 온전하라

**마태 5:46-48**

내 마음에 드는 사람에게만 향하는 한정된 사랑을 넘어서려면, 사람을 조건에 따라 구분하거나 차별하지 않아야 합니다. 조건이 달린 사랑은 사랑이라 할 수 없습니다. 사랑에는 우월감과 교만함이 없습니다. 베푸는 것이 아니라 나누는 것이기 때문입니다.

. . .

오늘 한 줄

9.

## 오른손이 하는 일을 왼손이 모르게

1 사람에게 보이려고 그들 앞에서 너희 의를 행하지 않도
록 주의하라 그리하지 아니하면 하늘에 계신 너희 아
버지께 상을 받지 못하느니라
2 그러므로 구제할 때에 외식하는 자가 사람에게서 영광
을 받으려고 회당과 거리에서 하는 것 같이 너희 앞에
나팔을 불지 말라 진실로 너희에게 이르노니 그들은
자기 상을 이미 받았느니라
3 너는 구제할 때에 오른손이 하는 것을 왼손이 모르게
하여
4 네 구제함을 은밀하게 하라 은밀한 중에 보시는 너의
아버지께서 갚으시리라

**마태 6:1-4**

오른손이 하는 일을 왼손이 모르게 하는 것은, 선한 일을 한다는 의식 없이 행하고 마음에 두지 않는 것입니다. 은밀히 한 선행이 마음속에 자만으로 자리 잡지 않도록 마음을 비워야 합니다. 스스로를 겸손하게 여기는 것도 교만의 다른 얼굴입니다.

.　.　.

오늘 한 줄

## 10.

# 너에게 있어야 할 것을 이미 아신다

5 또 너희는 기도할 때에 외식하는 자와 같이 하지 말라
그들은 사람에게 보이려고 회당과 큰 거리 어귀에 서
서 기도하기를 좋아하느니라 내가 진실로 너희에게 이
르노니 그들은 자기 상을 이미 받았느니라
6 너는 기도할 때에 네 골방에 들어가 문을 닫고 은밀한
중에 계신 네 아버지께 기도하라 은밀한 중에 보시는
네 아버지께서 갚으시리라
7 또 기도할 때에 이방인과 같이 중언부언하지 말라 그
들은 말을 많이 하여야 들으실 줄 생각하느니라
8 그러므로 그들을 본받지 말라 구하기 전에 너희에게
있어야 할 것을 하나님 너희 아버지께서 아시느니라

**마태 6:5-8**

기도는 이것저것 늘어놓는 주문서가 아닙니다. 미사여구로 치장한 발표문도 아닙니다. 형식이 맞아야 하나님께서 들으시는 것도 아닙니다. 하나님이 모르셔서 기도하는 것이 아닙니다. 기도는 모든 것을 아시는 하나님 앞에 자신을 내려놓는 것입니다.

오늘 한 줄

## 11.

# 이렇게 기도하라

9 그러므로 너희는 이렇게 기도하라 하늘에 계신 우리
아버지여 이름이 거룩히 여김을 받으시오며
10 나라가 임하시오며 뜻이 하늘에서 이루어진 것 같이
땅에서도 이루어지이다
11 오늘 우리에게 일용할 양식을 주시옵고
12 우리가 우리에게 죄 지은 자를 사하여 준 것 같이 우리
죄를 사하여 주시옵고
13 우리를 시험에 들게 하지 마시옵고 다만 악에서 구하시
옵소서 (나라와 권세와 영광이 아버지께 영원히 있사
옵나이다 아멘)

마태 6:9-13

주기도문 중 어느 구절이 가장 마음에 와 닿습니까. 그 구절에 자신을 적용해서 구체적으로 기도해 보십시오.

.　　.　　.

오늘 한 줄

## 12.

# 용서하라

14 너희가 사람의 잘못을 용서하면 너희 하늘 아버지께서
도 너희 잘못을 용서하시려니와
15 너희가 사람의 잘못을 용서하지 아니하면 너희 아버지
께서도 너희 잘못을 용서하지 아니하시리라

**마태 6:14-15**

내가 남에게 한 잘못에 대해서는 가볍게 넘어가고, 남이 나에게 한 잘못은 오래 원망하고 있지 않습니까. 인간은 누구나 실수를 하고 잘못을 저지릅니다. 불안정하고 부족한 존재이기 때문입니다. 나 역시 말로든, 행동으로든 누군가에게 상처를 주었고, 용서 받을 일이 있음을 생각하십시오. 용서는 그가 아니라 나를 위한 것임을 묵상하십시오.

오늘 한 줄

## 13.

# 금식을 표내지 말라

16 금식할 때에 너희는 외식하는 자들과 같이 슬픈 기색
을 보이지 말라 그들은 금식하는 것을 사람에게 보이
려고 얼굴을 흉하게 하느니라 내가 진실로 너희에게 이
르노니 그들은 자기 상을 이미 받았느니라
17 너는 금식할 때에 머리에 기름을 바르고 얼굴을 씻으라
18 이는 금식하는 자로 사람에게 보이지 않고 오직 은밀
한 중에 계신 네 아버지께 보이게 하려 함이라 은밀한
중에 보시는 네 아버지께서 갚으시리라

**마태 6:15-18**

'금식을 할 때에 머리에 기름을 바르고 얼굴을 씻으라'는 말씀에 주목하십시오. 무슨 일이든 남에게 보이기 위해서가 아니라 자신을 위한 것으로 여기십시오. 어렵고 힘든 일을 할 때일수록 자신을 돌보십시오. 몸을 정갈하고 단정히 하면 마음도 생각도 흐트러지지 않습니다. 힘든 일을 감당해야 할 때라도 밝은 빛을 잃지 마십시오.

.　　.　　.

오늘 한 줄

## 14.

# 보물이 있는 곳에 마음이 있다

19 너희를 위하여 보물을 땅에 쌓아 두지 말라 거기는 좀
과 동록이 해하며 도둑이 구멍을 뚫고 도둑질하느니라
20 오직 너희를 위하여 보물을 하늘에 쌓아 두라 거기는
좀이나 동록이 해하지 못하며 도둑이 구멍을 뚫지도
못하고 도둑질도 못하느니라
21 네 보물 있는 그 곳에는 네 마음도 있느니라
22 눈은 몸의 등불이니 그러므로 네 눈이 성하면 온 몸이
밝을 것이요
23 눈이 나쁘면 온 몸이 어두울 것이니 그러므로 네게 있
는 빛이 어두우면 그 어둠이 얼마나 더하겠느냐
24 한 사람이 두 주인을 섬기지 못할 것이니 혹 이를 미워
하고 저를 사랑하거나 혹 이를 중히 여기고 저를 경히
여김이라 너희가 하나님과 재물을 겸하여 섬기지 못하
느니라

**마태 6:19-24**

더 큰 재물로 하나님을 더 잘 섬기겠다는 핑계로 하나님보다 재물을 좇고 있지는 않습니까. 재물 자체가 악하지는 않지만 재물에 대한 욕망은 때때로 하나님을 잊게 합니다. 섬겨야 할 주인과 사용하는 도구를 혼동해서는 안됩니다.

오늘 한 줄

## 15.

# 염려하지 말라

25 그러므로 내가 너희에게 이르노니 목숨을 위하여 무엇
을 먹을까 무엇을 마실까 몸을 위하여 무엇을 입을까
염려하지 말라 목숨이 음식보다 중하지 아니하며 몸이
의복보다 중하지 아니하냐
26 공중의 새를 보라 심지도 않고 거두지도 않고 창고에
모아들이지도 아니하되 너희 하늘 아버지께서 기르시
나니 너희는 이것들보다 귀하지 아니하냐
27 너희 중에 누가 염려함으로 그 키를 한 자라도 더할 수
있겠느냐

마태 6:25-27

염려는 마음을 병들게 합니다. 염려는 아직 일어나지 않은 일에 대한 불안과 공포를 불러일으킵니다. 내일 일을 미리 걱정할 필요가 없습니다. 내일 일어날 일은 아무도 모릅니다. 주어진 현재를 성실하게 살고, 범사에 감사하는 것이 믿음을 가진 자의 태도입니다. 염려는 주께 맡기십시오. 주께서 돌보심을 믿으십시오.

오늘 한 줄

16.

## 하나님께서 입히시다

28 또 너희가 어찌 의복을 위하여 염려하느냐 들의 백합
화가 어떻게 자라는가 생각하여 보라 수고도 아니하고
길쌈도 아니하느니라
29 그러나 내가 너희에게 말하노니 솔로몬의 모든 영광으
로도 입은 것이 이 꽃 하나만 같지 못하였느니라
30 오늘 있다가 내일 아궁이에 던져지는 들풀도 하나님이
이렇게 입히시거든 하물며 너희일까보냐 믿음이 작은
자들아

**마태 6:28-30**

내 생활의 기준은 무엇입니까. 남만큼은 갖고 남이 하는 만큼은 나도 해야 한다고 생각하십니까. 늘 남과 비교하면 늘 쫓기는 삶에서 벗어날 수 없습니다. 세상 사람들과 똑같은 생각으로 똑같은 것을 구하면 어떻게 그리스도인이라 할 수 있습니까. 비교는 '어제의 나'와만 하십시오. 오늘은 어제의 나보다 더 나은 나를 추구하십시오.

. . .

오늘 한 줄

## 17.

# 한 날의 괴로움은 그날로 족하다

31 그러므로 염려하여 이르기를 무엇을 먹을까 무엇을 마
실까 무엇을 입을까 하지 말라
32 이는 다 이방인들이 구하는 것이라 너희 하늘 아버지
께서 이 모든 것이 너희에게 있어야 할 줄을 아시느니
라
33 그런즉 너희는 먼저 그의 나라와 그의 의를 구하라 그
리하면 이 모든 것을 너희에게 더하시리라
34 그러므로 내일 일을 위하여 염려하지 말라 내일 일은
내일이 염려할 것이요 한 날의 괴로움은 그 날로 족하
니라

**마태 6:31-34**

우리가 할 수 있는 일은 오늘 주어진 것뿐입니다. 오늘 일에 몰입하면 걱정과 염려가 들어설 틈이 없습니다. 오늘 하루의 일들이 주의 뜻대로 이루어지기를 기도하십시오. 부족하면 부족한 대로 그날의 일들은 그날 정리하십시오. 앞날을 미리 걱정하지 말고 내일 일은 내일 대처하십시오. 그 모든 날들이 모여 하나님의 뜻을 이룰 것입니다.

. . .

오늘 한 줄

## 18.

## 네 눈 속의 들보를 보라

1 비판을 받지 아니하려거든 비판하지 말라
2 너희가 비판하는 그 비판으로 너희가 비판을 받을 것
이요 너희가 헤아리는 그 헤아림으로 너희가 헤아림을
받을 것이니라
3 어찌하여 형제의 눈 속에 있는 티는 보고 네 눈 속에
있는 들보는 깨닫지 못하느냐
4 보라 네 눈 속에 들보가 있는데 어찌하여 형제에게 말
하기를 나로 네 눈 속에 있는 티를 빼게 하라 하겠느냐
5 외식하는 자여 먼저 네 눈 속에서 들보를 빼어라 그 후
에야 밝히 보고 형제의 눈 속에서 티를 빼리라

**마태 7:1-5**

누군가의 말과 행동이 유난히 거슬린다면 자신을 돌아보아야 합니다. 그 모습이 바로 자신의 모습일 수 있습니다. 인정하고 싶지 않은 자신의 단점이나 약점이 다른 사람에게 투영되어 나타나는 경우가 많기 때문입니다. 다른 사람의 흠을 말하기 전에 자신을 먼저 성찰해 보십시오.

.  .  .

오늘 한 줄

## 19.

# 구하라 찾으라 두드리라

7 구하라 그리하면 너희에게 주실 것이요 찾으라 그리하
면 찾아낼 것이요 문을 두드리라 그리하면 너희에게 열
릴 것이니
8 구하는 이마다 받을 것이요 찾는 이는 찾아낼 것이요
두드리는 이에게는 열릴 것이니라

**마태 7:7-8**

구한 것은 이루어진 것으로 믿는 마음이 있습니까. 비 오기를 구했다면 외출할 때 우산을 들고 나가야 합니다. 이미 받은 줄로 믿는 믿음 위에 은혜가 임합니다. 구하고 두드렸다면, 응답이 나타날 때를 기다리면 됩니다.

오늘 한 줄

## 20.

## 받고자 하는 대로 대접하라

9 너희 중에 누가 아들이 떡을 달라 하는데 돌을 주며
10 생선을 달라 하는데 뱀을 줄 사람이 있겠느냐
11 너희가 악한 자라도 좋은 것으로 자식에게 줄 줄 알거
든 하물며 하늘에 계신 너희 아버지께서 구하는 자에
게 좋은 것으로 주시지 않겠느냐
12 그러므로 무엇이든지 남에게 대접을 받고자 하는 대로
너희도 남을 대접하라 이것이 율법이요 선지자니라

**마태 7:9-12**

'내가 대접 받고자 하는 대로 남을 대접하는 것'은 선한 관계를 위한 최고의 법칙입니다. '내가 대접 받고자 하는 대로'는 일방적으로 내가 해주고 싶은 것이 아니라 '그가 좋아하는 것'을 해주는 것입니다. 대접은 내 만족감이 아니라 그의 기쁨을 위해 하는 것임을 기억하십시오.

.　　.　　.

오늘 한 줄

21.

## 좁은 문으로 들어가라

13 좁은 문으로 들어가라 멸망으로 인도하는 문은 크고
그 길이 넓어 그리로 들어가는 자가 많고
14 생명으로 인도하는 문은 좁고 길이 협착하여 찾는 자
가 적음이라

**마태 7:13-14**

좁은 문으로 들어가는 것은 세속적인 기준에서 벗어나 다른 삶을 사는 것입니다. 삶의 목적과 가치를 하나님의 사랑에 두는 것입니다. 좁은 문으로 들어가려면 남들이 가는 대로 따라가는 대열에서 벗어나야 합니다. 변화를 두려워하지 않고 새로운 길을 가야 합니다.

. . .

오늘 한 줄

## 22.

# 열매로 나무를 안다

15 거짓 선지자들을 삼가라 양의 옷을 입고 너희에게 나
아오나 속에는 노략질하는 이리라
16 그들의 열매로 그들을 알지니 가시나무에서 포도를,
또는 엉겅퀴에서 무화과를 따겠느냐
17 이와 같이 좋은 나무마다 아름다운 열매를 맺고 못된
나무가 나쁜 열매를 맺나니
18 좋은 나무가 나쁜 열매를 맺을 수 없고 못된 나무가
아름다운 열매를 맺을 수 없느니라
19 아름다운 열매를 맺지 아니하는 나무마다 찍혀 불에
던져지느니라
20 이러므로 그들의 열매로 그들을 알리라

**마태 7:15-20**

아름다운 열매란 화려한 겉모양을 말하는 것이 아닙니다. 크고 탐스러워 보여도 독이 든 열매가 있고, 작고 보잘것없어도 생명을 구하는 열매가 있습니다. 열매를 맺는 데 시간이 필요하듯, 좋은 나무와 나쁜 나무를 분별하는 것도 시간이 필요합니다. 시간의 풍파 속에서도 꺾이지 않고 성장하는 나무가 아름다운 열매를 맺습니다.

.　　.　　.

오늘 한 줄

## 23.

## 천국에 들어가는 자

21 나더러 주여 주여 하는 자마다 다 천국에 들어갈 것이
아니요 다만 하늘에 계신 내 아버지의 뜻대로 행하는
자라야 들어가리라
22 그날에 많은 사람이 나더러 이르되 주여 주여 우리가
주의 이름으로 선지자 노릇 하며 주의 이름으로 귀신
을 쫓아내며 주의 이름으로 많은 권능을 행하지 아니
하였나이까 하리니
23 그때에 내가 그들에게 밝히 말하되 내가 너희를 도무
지 알지 못하니 불법을 행하는 자들아 내게서 떠나가
라 하리라

마태 7:21-23

하나님의 뜻대로 행하는 것은 자기 자리에서 사랑을 실천하는 것입니다. 이웃의 어려움을 조용히 돌보는 것이 주의 이름으로 큰일을 행하는 것보다 더 귀합니다. 사랑이 있는 사람만이 드러나지 않는 선한 일을 기쁘게 할 수 있기 때문입니다.

.   .   .

오늘 한 줄

## 24.

# 반석 위에 집을 지으라

24 그러므로 누구든지 나의 이 말을 듣고 행하는 자는 그
집을 반석 위에 지은 지혜로운 사람 같으리니
25 비가 내리고 창수가 나고 바람이 불어 그 집에 부딪치
되 무너지지 아니하나니 이는 주추를 반석 위에 놓은
까닭이요
26 나의 이 말을 듣고 행하지 아니하는 자는 그 집을 모래
위에 지은 어리석은 사람 같으리니
27 비가 내리고 창수가 나고 바람이 불어 그 집에 부딪치
매 무너져 그 무너짐이 심하니라

마태 7:24-27

말씀에는 빛이 있고 힘이 있습니다. 말씀을 새기고 말씀대로 행하는 사람은 어떤 고난에도 무너지지 않고 견고하게 버티고 설 집을 짓게 될 것입니다. 오늘 하루의 말씀 새김도 반석 위에 집을 쌓아올리는 것입니다.

오늘 한 줄

## 25.

### 시편 23편

여호와는 나의 목자시니 내게 부족함이 없으리로다
그가 나를 푸른 풀밭에 누이시며
쉴 만한 물가로 인도하시는도다
내 영혼을 소생시키시고
자기 이름을 위하여 의의 길로 인도하시는도다
내가 사망의 음침한 골짜기로 다닐지라도
해를 두려워하지 않을 것은 주께서 나와 함께 하심이라
주의 지팡이와 막대기가 나를 안위하시나이다
주께서 내 원수의 목전에서 내게 상을 차려 주시고
기름을 내 머리에 부으셨으니 내 잔이 넘치나이다
내 평생에 선하심과 인자하심이
반드시 나를 따르리니
내가 여호와의 집에 영원히 거하리로다.

## Sermon on the Mount

반복이 습관을 만들고
습관이 삶을 변화시킵니다.
말씀 필사가 일상의 일과로 자리 잡았다면
가장 큰 목표를 이뤄낸 것입니다.
변화와 성장을 가로막는
조급함과 분노, 걱정과 두려움,
스트레스와 불안에서 벗어나는 방법은
매일의 말씀 묵상과 매일의 행함으로
감사와 사랑의 분량을 점점 더 확장시키는 것입니다.
오늘의 내가 어제보다 조금이라도 나아진 것이 있다면
그것으로 충분합니다.
머물지 말고 계속 나아가십시오.

# 산상수훈

## 머물지 말고 나아가라 3

1.

## 복 있는 사람

3 심령이 가난한 자는 복이 있나니 천국이 그들의 것임
이요
4 애통하는 자는 복이 있나니 그들이 위로를 받을 것임
이요
5 온유한 자는 복이 있나니 그들이 땅을 기업으로 받을
것임이요
6 의에 주리고 목마른 자는 복이 있나니 그들이 배부를
것임이요
7 긍휼히 여기는 자는 복이 있나니 그들이 긍휼히 여김
을 받을 것임이요
8 마음이 청결한 자는 복이 있나니 그들이 하나님을 볼
것임이요
9 화평하게 하는 자는 복이 있나니 그들이 하나님의 아
들이라 일컬음을 받을 것임이요
10 의를 위하여 박해를 받은 자는 복이 있나니 천국이 그
들의 것임이라

마태 5:1-10

지금 있는 이 자리에서 '나는 복 있는 사람'이라고 말할 수 있습니까.

오늘 한 줄

## 2.

## 소금과 빛

13 너희는 세상의 소금이니 소금이 만일 그 맛을 잃으면
무엇으로 짜게 하리요 후에는 아무 쓸 데 없어 다만 밖
에 버려져 사람에게 밟힐 뿐이니라
14 너희는 세상의 빛이라 산 위에 있는 동네가 숨겨지지
못할 것이요
15 사람이 등불을 켜서 말 아래에 두지 아니하고 등경 위
에 두나니 이러므로 집 안 모든 사람에게 비치느니라
16 이같이 너희 빛이 사람 앞에 비치게 하여 그들로 너희
착한 행실을 보고 하늘에 계신 너희 아버지께 영광을
돌리게 하라

**마태 5:13-16**

다른 사람들을 이전보다 친절하게 대하고 있습니까.
지금 하고 있는 일을 즐겁게 하고 있습니까.

오늘 한 줄

3.

## 분노를 품은 채 예배 드리지 말라

21 옛 사람에게 말한 바 살인하지 말라 누구든지 살인하
면 심판을 받게 되리라 하였다는 것을 너희가 들었으나
22 나는 너희에게 이르노니 형제에게 노하는 자마다 심판
을 받게 되고 형제를 대하여 라가라 하는 자는 공회에
잡혀가게 되고 미련한 놈이라 하는 자는 지옥 불에 들
어가게 되리라
23 그러므로 예물을 제단에 드리려다가 거기서 네 형제에
게 원망들을 만한 일이 있는 것이 생각나거든
24 예물을 제단 앞에 두고 먼저 가서 형제와 화목하고 그
후에 와서 예물을 드리라

**마태 5:21-24**

아직 분노가 풀리지 않는 일이 있습니까.
그 일이 내 삶에 계속 독을 품고 있어야 할 만큼 중요합니까.

.  .  .

오늘 한 줄

## 4.

## 마음으로도 간음하지 말라

27 또 간음하지 말라 하였다는 것을 너희가 들었으나
28 나는 너희에게 이르노니 음욕을 품고 여자를 보는 자
마다 마음에 이미 간음하였느니라
29 만일 네 오른 눈이 너로 실족하게 하거든 빼어 내버리
라 네 백체 중 하나가 없어지고 온 몸이 지옥에 던져지
지 않는 것이 유익하며
30 또한 만일 네 오른손이 너로 실족하게 하거든 찍어 내
버리라 네 백체 중 하나가 없어지고 온 몸이 지옥에 던
져지지 않는 것이 유익하니라

**마태 5:27-30**

범죄를 행동으로 옮기지 않는 것에 만족하고 있습니까.
그 상태에 머무르지 말고 마음으로도 범죄하지 않는 데까지 나아가십시오.

.　　.　　.

오늘 한 줄

## 5.

# 무엇으로도 맹세하지 말라

33 또 옛 사람에게 말한 바 헛 맹세를 하지 말고 네 맹세
한 것을 주께 지키라 하였다는 것을 너희가 들었으나
34 나는 너희에게 이르노니 도무지 맹세하지 말지니 하늘
로도 하지 말라 이는 하나님의 보좌임이요
35 땅으로도 하지 말라 이는 하나님의 발등상임이요 예루
살렘으로도 하지 말라 이는 큰 임금의 성임이요
36 네 머리로도 하지 말라 이는 네가 한 터럭도 희고 검게
할 수 없음이라
37 오직 너희 말은 옳다 옳다, 아니라 아니라 하라 이에서
지나는 것은 악으로부터 나느니라

**마태 5:33-37**

맹세하지 말라는 말은 자신의 생각을 절대화하지 말라는 뜻입니다.
자신의 생각만이 정의롭다고 주장하거나 하나님의 뜻이라고 단언하지는 않았습니까.

.  .  .

오늘 한 줄

## 6.

# 악한 자와 대적하지 말라

38 눈은 눈으로, 이는 이로 갚으라 하였다는 것을 너희가
들었으나
39 나는 너희에게 이르노니 악한 자를 대적하지 말라 누
구든지 네 오른편 뺨을 치거든 왼편도 돌려 대며
40 또 너를 고발하여 속옷을 가지고자 하는 자에게 겉옷
까지도 가지게 하며
41 또 누구든지 너로 억지로 오 리를 가게 하거든 그 사람
과 십 리를 동행하고
42 네게 구하는 자에게 주며 네게 꾸고자 하는 자에게 거
절하지 말라

마태 5:38-42

반드시 맞서 싸워 이기고 싶은 사람이 있습니까.
이기는 방법은 대적하여 싸우는 방법밖에 없습니까.

.　.　.

오늘 한 줄

## 7.

## 네 원수를 사랑하라

43 네 이웃을 사랑하고 네 원수를 미워하라 하였다는 것
을 너희가 들었으나
44 나는 너희에게 이르노니 너희 원수를 사랑하며 너희를
박해하는 자를 위하여 기도하라
45 이같이 한즉 하늘에 계신 너희 아버지의 아들이 되리
니 이는 하나님이 그 해를 악인과 선인에게 비추시며
비를 의로운 자와 불의한 자에게 내려주심이라

**마태 5:43-45**

원수는 누구입니까?
그는 사악하기만 한 악인입니까? 나약한 이기주의자에 불과하지는 않습니까?

오늘 한 줄

## 8.

## 아버지의 온전하심 같이 너희도 온전하라

46 너희가 너희를 사랑하는 자를 사랑하면 무슨 상이 있
으리요 세리도 이같이 아니하느냐
47 또 너희가 너희 형제에게만 문안하면 남보다 더하는
것이 무엇이냐 이방인들도 이같이 아니하느냐
48 그러므로 하늘에 계신 너희 아버지의 온전하심과 같이
너희도 온전하라

**마태 5:46-48**

미운 사람, 불편한 사람을 대하는 태도에 변화가 있습니까?

. . .

오늘 한 줄

9.

## 오른손이 하는 일을 왼손이 모르게

1 사람에게 보이려고 그들 앞에서 너희 의를 행하지 않도
록 주의하라 그리하지 아니하면 하늘에 계신 너희 아
버지께 상을 받지 못하느니라
2 그러므로 구제할 때에 외식하는 자가 사람에게서 영광
을 받으려고 회당과 거리에서 하는 것 같이 너희 앞에
나팔을 불지 말라 진실로 너희에게 이르노니 그들은
자기 상을 이미 받았느니라
3 너는 구제할 때에 오른손이 하는 것을 왼손이 모르게
하여
4 네 구제함을 은밀하게 하라 은밀한 중에 보시는 너의
아버지께서 갚으시리라

**마태 6:1-4**

구제는 받는 사람이 모르게 하고, 자신도 잊는 것이 좋습니다.
헌금도 그렇게 하고 있습니까.

오늘 한 줄

## 10.

## 너에게 있어야 할 것을 이미 아신다

5 또 너희는 기도할 때에 외식하는 자와 같이 하지 말라
그들은 사람에게 보이려고 회당과 큰 거리 어귀에 서
서 기도하기를 좋아하느니라 내가 진실로 너희에게 이
르노니 그들은 자기 상을 이미 받았느니라
6 너는 기도할 때에 네 골방에 들어가 문을 닫고 은밀한
중에 계신 네 아버지께 기도하라 은밀한 중에 보시는
네 아버지께서 갚으시리라
7 또 기도할 때에 이방인과 같이 중언부언하지 말라 그
들은 말을 많이 하여야 들으실 줄 생각하느니라
8 그러므로 그들을 본받지 말라 구하기 전에 너희에게
있어야 할 것을 하나님 너희 아버지께서 아시느니라

**마태 6:5-8**

누구를 위해, 무엇을 위해 기도하고 있습니까.
기도의 내용이 오직 나와 내 가족의 테두리에 머물러 있지 않습니까.

. . .

오늘 한 줄

## 11.

# 이렇게 기도하라

9 그러므로 너희는 이렇게 기도하라 하늘에 계신 우리
아버지여 이름이 거룩히 여김을 받으시오며
10 나라가 임하시오며 뜻이 하늘에서 이루어진 것 같이
땅에서도 이루어지이다
11 오늘 우리에게 일용할 양식을 주시옵고
12 우리가 우리에게 죄 지은 자를 사하여 준 것 같이 우리
죄를 사하여 주시옵고
13 우리를 시험에 들게 하지 마시옵고 다만 악에서 구하시
옵소서 (나라와 권세와 영광이 아버지께 영원히 있사
옵나이다 아멘)

마태 6:9-13

지금 이 시간, 주의 기도 중 어떤 구절이 가장 마음에 와 닿습니까.

.　　.　　.

오늘 한 줄

12.

## 용서하라

14 너희가 사람의 잘못을 용서하면 너희 하늘 아버지께서
도 너희 잘못을 용서하시려니와
15 너희가 사람의 잘못을 용서하지 아니하면 너희 아버지
께서도 너희 잘못을 용서하지 아니하시리라

**마태 6:14-15**

그가 잘못을 인정하면 용서하겠다고 생각하고 있습니까.
용서하라는 말씀의 의미를 다시 새겨 보십시오.

. . .

오늘 한 줄

## 13.

# 금식을 표내지 말라

16 금식할 때에 너희는 외식하는 자들과 같이 슬픈 기색
을 보이지 말라 그들은 금식하는 것을 사람에게 보이
려고 얼굴을 흉하게 하느니라 내가 진실로 너희에게 이
르노니 그들은 자기 상을 이미 받았느니라
17 너는 금식할 때에 머리에 기름을 바르고 얼굴을 씻으라
18 이는 금식하는 자로 사람에게 보이지 않고 오직 은밀
한 중에 계신 네 아버지께 보이게 하려 함이라 은밀한
중에 보시는 네 아버지께서 갚으시리라

마태 6:15-18

사람들 앞에 드러내고 자랑하고 싶은 것이 있습니까.
사람들의 칭송과 인정이 하나님의 인정보다 중요합니까.

.　.　.

오늘 한 줄

## 14.

# 보물이 있는 곳에 마음이 있다

19 너희를 위하여 보물을 땅에 쌓아 두지 말라 거기는 좀
과 동록이 해하며 도둑이 구멍을 뚫고 도둑질하느니라
20 오직 너희를 위하여 보물을 하늘에 쌓아 두라 거기는
좀이나 동록이 해하지 못하며 도둑이 구멍을 뚫지도
못하고 도둑질도 못하느니라
21 네 보물 있는 그 곳에는 네 마음도 있느니라
22 눈은 몸의 등불이니 그러므로 네 눈이 성하면 온 몸이
밝을 것이요
23 눈이 나쁘면 온 몸이 어두울 것이니 그러므로 네게 있
는 빛이 어두우면 그 어둠이 얼마나 더하겠느냐
24 한 사람이 두 주인을 섬기지 못할 것이니 혹 이를 미워
하고 저를 사랑하거나 혹 이를 중히 여기고 저를 경히
여김이라 너희가 하나님과 재물을 겸하여 섬기지 못하
느니라

**마태 6:19-24**

재물을 얻기 위해 하나님을 섬기고 있습니까.
하나님의 뜻을 따르기 위해 재물을 사용하고 있습니까.

.  .  .

오늘 한 줄

## 15.

# 염려하지 말라

25 그러므로 내가 너희에게 이르노니 목숨을 위하여 무엇
을 먹을까 무엇을 마실까 몸을 위하여 무엇을 입을까
염려하지 말라 목숨이 음식보다 중하지 아니하며 몸이
의복보다 중하지 아니하냐
26 공중의 새를 보라 심지도 않고 거두지도 않고 창고에
모아들이지도 아니하되 너희 하늘 아버지께서 기르시
나니 너희는 이것들보다 귀하지 아니하냐
27 너희 중에 누가 염려함으로 그 키를 한 자라도 더할 수
있겠느냐

마태 6:25-27

지금 염려하고 있는 것은 무엇입니까.
이전과 똑같은 염려를 지금도 하고 있습니까.

오늘 한 줄

16.

## 하나님께서 입히신다

28 또 너희가 어찌 의복을 위하여 염려하느냐 들의 백합
화가 어떻게 자라는가 생각하여 보라 수고도 아니하고
길쌈도 아니하느니라
29 그러나 내가 너희에게 말하노니 솔로몬의 모든 영광으
로도 입은 것이 이 꽃 하나만 같지 못하였느니라
30 오늘 있다가 내일 아궁이에 던져지는 들풀도 하나님이
이렇게 입히시거든 하물며 너희일까보냐 믿음이 작은
자들아

마태 6:28-30

하나님께서 나를 사랑하신다는 믿음이 있습니까.
그 믿음이 없다면 하나님에 대한 믿음이 없는 것입니다.

.　.　.

오늘 한 줄

## 17.

# 한 날의 괴로움은 그날로 족하다

31 그러므로 염려하여 이르기를 무엇을 먹을까 무엇을 마
실까 무엇을 입을까 하지 말라
32 이는 다 이방인들이 구하는 것이라 너희 하늘 아버지
께서 이 모든 것이 너희에게 있어야 할 줄을 아시느니
라
33 그런즉 너희는 먼저 그의 나라와 그의 의를 구하라 그
리하면 이 모든 것을 너희에게 더하시리라
34 그러므로 내일 일을 위하여 염려하지 말라 내일 일은
내일이 염려할 것이요 한 날의 괴로움은 그 날로 족하
니라

마태 6:31-34

하나님의 의를 먼저 행하십시오. 그러는 사이에 염려는 사라질 것입니다.

.   .   .

오늘 한 줄

## 18.

## 네 눈 속의 들보를 보라

1 비판을 받지 아니하려거든 비판하지 말라
2 너희가 비판하는 그 비판으로 너희가 비판을 받을 것
이요 너희가 헤아리는 그 헤아림으로 너희가 헤아림을
받을 것이니라
3 어찌하여 형제의 눈 속에 있는 티는 보고 네 눈 속에
있는 들보는 깨닫지 못하느냐
4 보라 네 눈 속에 들보가 있는데 어찌하여 형제에게 말
하기를 나로 네 눈 속에 있는 티를 빼게 하라 하겠느냐
5 외식하는 자여 먼저 네 눈 속에서 들보를 빼어라 그 후
에야 밝히 보고 형제의 눈 속에서 티를 빼리라

**마태 7:1-5**

자신이 듣고 싶지 않은 말은 상대에게도 하지 마십시오.

.　　.　　.

오늘 한 줄

## 19.

# 구하라 찾으라 두드리라

7 구하라 그리하면 너희에게 주실 것이요 찾으라 그리하
면 찾아낼 것이요 문을 두드리라 그리하면 너희에게 열
릴 것이니
8 구하는 이마다 받을 것이요 찾는 이는 찾아낼 것이요
두드리는 이에게는 열릴 것이니라

**마태 7:7-8**

아무것도 하지 않으면 아무 일도 일어나지 않습니다. 찾고 두드리는 자에게 응답이 있습니다.

오늘 한 줄

## 20.

# 받고자 하는 대로 대접하라

9 너희 중에 누가 아들이 떡을 달라 하는데 돌을 주며
10 생선을 달라 하는데 뱀을 줄 사람이 있겠느냐
11 너희가 악한 자라도 좋은 것으로 자식에게 줄 줄 알거
든 하물며 하늘에 계신 너희 아버지께서 구하는 자에
게 좋은 것으로 주시지 않겠느냐
12 그러므로 무엇이든지 남에게 대접을 받고자 하는 대로
너희도 남을 대접하라 이것이 율법이요 선지자니라

**마태 7:9-12**

대접 받고 싶은 대로 대접하라는 뜻이 무엇입니까.
내가 주고 싶은 것이 아니라 상대가 바라는 것을 주는 것입니다.

.　.　.

오늘 한 줄

## 21.

# 좁은 문으로 들어가라

13 좁은 문으로 들어가라 멸망으로 인도하는 문은 크고
그 길이 넓어 그리로 들어가는 자가 많고
14 생명으로 인도하는 문은 좁고 길이 협착하여 찾는 자
가 적음이라

마태 7:13-14

하나님은 크고 화려한 길에 계시지 않습니다. 좁은 문으로 들어가는 사람이 하나님을 만날 수 있습니다.

오늘 한 줄

## 22.

# 열매로 나무를 안다

15 거짓 선지자들을 삼가라 양의 옷을 입고 너희에게 나
아오나 속에는 노략질하는 이리라
16 그들의 열매로 그들을 알지니 가시나무에서 포도를,
또는 엉겅퀴에서 무화과를 따겠느냐
17 이와 같이 좋은 나무마다 아름다운 열매를 맺고 못된
나무가 나쁜 열매를 맺나니
18 좋은 나무가 나쁜 열매를 맺을 수 없고 못된 나무가
아름다운 열매를 맺을 수 없느니라
19 아름다운 열매를 맺지 아니하는 나무마다 찍혀 불에
던져지느니라
20 이러므로 그들의 열매로 그들을 알리라

**마태 7:15-20**

겉보기에 아름다워도 쓴 열매가 있고, 겉모습은 거칠어도 단 열매가 있습니다. 나무를 분별하듯 열매를 분별하십시오.

.  .  .

오늘 한 줄

## 23.

# 천국에 들어가는 자

21 나더러 주여 주여 하는 자마다 다 천국에 들어갈 것이
아니요 다만 하늘에 계신 내 아버지의 뜻대로 행하는
자라야 들어가리라
22 그날에 많은 사람이 나더러 이르되 주여 주여 우리가
주의 이름으로 선지자 노릇 하며 주의 이름으로 귀신
을 쫓아내며 주의 이름으로 많은 권능을 행하지 아니
하였나이까 하리니
23 그때에 내가 그들에게 밝히 말하되 내가 너희를 도무
지 알지 못하니 불법을 행하는 자들아 내게서 떠나가
라 하리라

**마태 7:21-23**

자신의 욕심을 위해 하나님의 이름을 앞세운 적은 없습니까.

.  .  .

오늘 한 줄

## 24.

## 반석 위에 집을 지으라

24 그러므로 누구든지 나의 이 말을 듣고 행하는 자는 그
집을 반석 위에 지은 지혜로운 사람 같으리니
25 비가 내리고 창수가 나고 바람이 불어 그 집에 부딪치
되 무너지지 아니하나니 이는 주추를 반석 위에 놓은
까닭이요
26 나의 이 말을 듣고 행하지 아니하는 자는 그 집을 모래
위에 지은 어리석은 사람 같으리니
27 비가 내리고 창수가 나고 바람이 불어 그 집에 부딪치
매 무너져 그 무너짐이 심하나니라

마태 7:24-27

집은 자기 자신입니다.
75일의 행함으로 쌓은 반석 위에 견고하고 아름다운 집을 계속 지어 가십시오.

.　　.　　.

오늘 한 줄

## 25.

### 시편 121편

내가 산을 향하여 눈을 들리라
나의 도움이 어디서 올까
나의 도움은 천지를 지으신 여호와에게서로다
여호와께서 너를 실족하지 아니하게 하시며
너를 지키시는 이가 졸지 아니하시리로다
이스라엘을 지키시는 이는 졸지도 아니하시고
주무시지도 아니하시리로다
여호와는 너를 지키시는 이시라
여호와께서 네 오른쪽에서 네 그늘이 되시나니
낮의 해가 너를 상하게 하지 아니하며
밤의 달도 너를 해치지 아니하리로다
여호와께서 너를 지켜 모든 환란을 면하게 하시며
또 네 영혼을 지키시리로다
여호와께서 너의 출입을 지금부터
영원까지 지키시리로다

## 산상수훈 새겨쓰기를 마치며

감동에서 행동으로 나아가기

**예수님 말씀 새겨쓰기** -산상수훈

1판 1쇄 2026년 1월 12일

쓰고 엮음 분홍소금
펴낸이 이용훈

펴낸곳 북스원
등록 제2015-000033호
주소 서울시 송파구 오금로44나길 5, 401호
전화 010-3244-4066
이메일 wisebook@naver.com
공급처 (주)비전북 031-907-3927
ISBN 979-11-92468-38-9 03230